Título original: Papa Francesco parla ai ragazzi
© 2014 Libreria Editrice Vaticana, Città del Vaticano
© 2014 RCS Libri S.p.A., Milano
All rights reserved
Fotografía de cubierta: Photo Contrasto
Adaptación de Marinella Terzi

© De esta edición:
2014, Alfaguara Grupo Editorial S. L. U.
Calle Luchana, 23. 28010 Madrid

D. R. © 2014, derechos de edición mundiales en
lengua castellana:
Santillana Ediciones Generales, S.A de C.V., una
empresa de Penguin Random House Grupo Editorial,
S.A. de C.V.
Blvd. Miguel de Cervantes Saavedra núm. 301,
1er piso, colonia Granada, delegación Miguel
Hidalgo, C.P. 11520, México, D.F.

ISBN: 978-607-11-3580-3
Printed in Mexico – Impreso en México

Primera edición: marzo de 2015

Este libro se terminó de imprimir en marzo de 2015
en Quad/Graphics Querétaro, S. A. de C. V.,
Fracc. Agro Industrial La Cruz, El Marqués, Querétaro, México.

NO TENGAN MIEDO DE
SOÑAR
A LO
GRANDE

EL **Papa Francisco**
LES HABLA A LOS NIÑOS

NO TENGAN MIEDO DE

SOÑAR A LO GRANDE

*Ustedes, jóvenes, no pueden y no deben
estar sin esperanza, la esperanza
forma parte de su ser.
Un joven sin esperanza no es joven,
ha envejecido demasiado pronto.*

No miren la vida desde el balcón.
Involúcrense allí donde están los desafíos
que requieren su ayuda para llevar adelante la vida,
la lucha en favor de la dignidad de las personas,
la lucha contra la pobreza,
la lucha por los valores.

Es necesario jugarse la juventud
por grandes ideales.
Pregunta a Jesús qué quiere de ti
y sé valiente.

Un cristiano no es una isla.
Nosotros no nos convertimos
en cristianos por nosotros mismos
y con nuestras fuerzas,
sino que la fe es un regalo,
es un don de Dios que se nos da
en la Iglesia y a través de la Iglesia.

Jesús usa la imagen del pastor
con sus ovejas: Él las llama y ellas reconocen
su voz, responden a su llamada y lo siguen.
Por el tono de una voz percibimos el amor
o el desprecio, el afecto o la frialdad.
La voz de Jesús es única.
Si aprendemos a distinguirla, Él nos guía por
el camino de la vida.

Los primeros cristianos pintaban la esperanza
con un ancla, como si la vida fuera
el ancla lanzada a la orilla del Cielo
y todos nosotros en camino hacia esa orilla,
agarrados a la soga del ancla.

El hombre es como un peregrino que,
atravesando los desiertos de la vida,
tiene sed de un agua viva, fluyente y fresca,
capaz de saciar en profundidad
su deseo enorme de luz, amor,
belleza y paz.
Todos sentimos este deseo.
Y Jesús nos dona esta agua viva: esa agua es
el Espíritu Santo, que procede del Padre
y que Jesús derrama en nuestros corazones.

La cosa más importante que le puede
suceder a una persona es encontrar a Jesús.
Toda la vida es un encuentro con Jesús:
en la oración, cuando vamos a misa, cuando
realizamos buenas obras, cuando pensamos
en los demás, y cuando no somos egoístas.

La Iglesia es como una gran orquesta en la que existe variedad. No somos todos iguales ni debemos ser todos iguales. Todos somos distintos, diferentes, cada uno con sus propias cualidades. Y esto es lo bello de la Iglesia: cada uno aporta lo suyo, lo que Dios le ha brindado, para enriquecer a los demás.

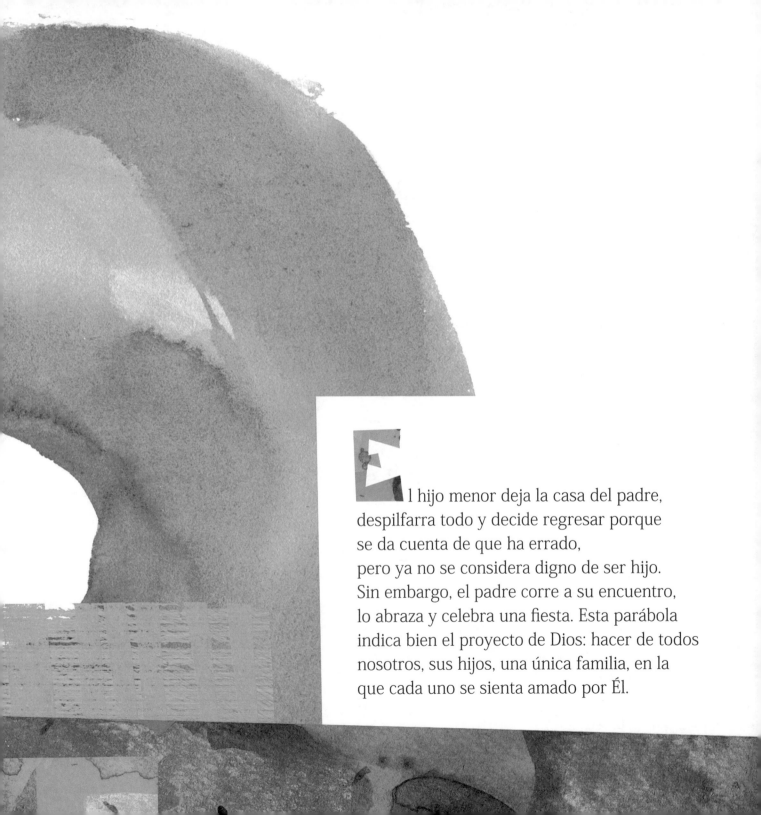

El hijo menor deja la casa del padre, despilfarra todo y decide regresar porque se da cuenta de que ha errado, pero ya no se considera digno de ser hijo. Sin embargo, el padre corre a su encuentro, lo abraza y celebra una fiesta. Esta parábola indica bien el proyecto de Dios: hacer de todos nosotros, sus hijos, una única familia, en la que cada uno se sienta amado por Él.

La Virgen es nuestra Madre,
que siempre acude deprisa
cuando lo necesitamos.
Se camina mejor por la vida
cuando tenemos a nuestra madre cerca.

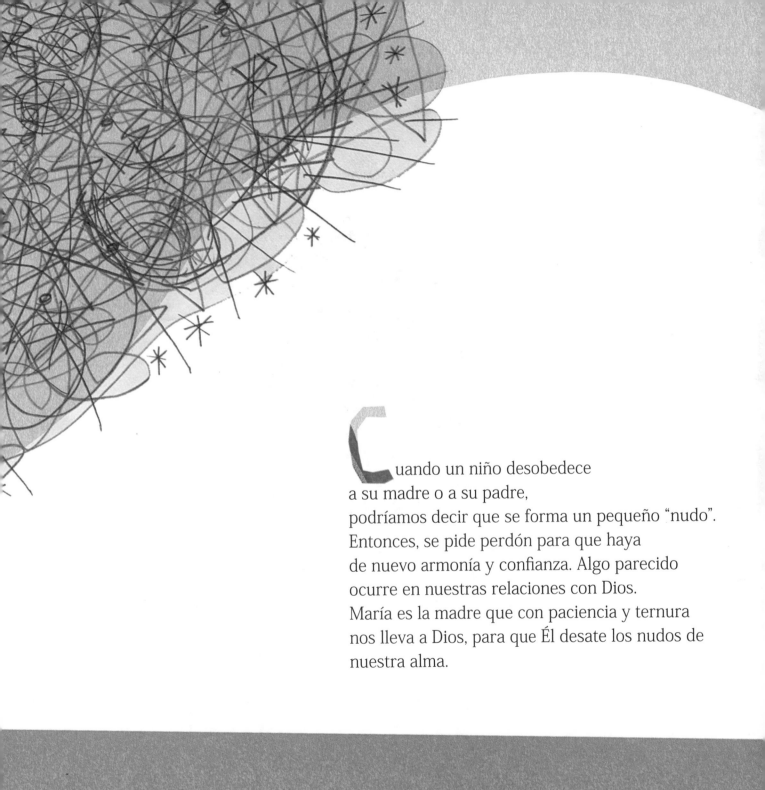

Cuando un niño desobedece
a su madre o a su padre,
podríamos decir que se forma un pequeño "nudo".
Entonces, se pide perdón para que haya
de nuevo armonía y confianza. Algo parecido
ocurre en nuestras relaciones con Dios.
María es la madre que con paciencia y ternura
nos lleva a Dios, para que Él desate los nudos de
nuestra alma.

Rezar juntos el "Padrenuestro",
alrededor de la mesa,
no es algo extraordinario, es fácil.
Rezar el uno por el otro.
Esto es rezar en familia, y esto hace
fuerte a la familia.

¿Cuántas veces nos decimos *gracias* en la familia? Es una de las palabras clave de la convivencia: "por favor", "perdón", "gracias". Si en una familia se dicen estas tres palabras, la familia se fortalece.

"Casa" es una palabra que recuerda el calor, el afecto, el amor. La "casa" es un lugar decisivo en la vida, donde la vida crece y se puede realizar, porque es un lugar donde cada persona aprende a recibir y dar amor.

Pregúntale a Jesús, habla con Jesús.
Y si cometes un error en la vida,
si resbalas, si haces algo
que está mal, no tengas miedo.
Habla con Jesús siempre, en las buenas
y en las malas. Cuando hagas una cosa
buena y cuando hagas una cosa mala.
¡No le tengas miedo!
Eso es la oración.

Lo que importa no es permancer en pie,
sino al caer, levantarse.
Levántate pronto, inmediatamente,
y sigue andando.
Pero es malo caminar solos.
Camina en comunidad, con los amigos,
y con quienes nos quieren.

El Señor está siempre con nosotros.
Viene a la orilla del mar de nuestra vida,
se hace cercano a nuestros fracasos,
a nuestra fragilidad, a nuestros pecados,
para transformarlos. No dejes nunca de
volver al juego, como buenos deportistas
que saben afrontar el cansancio del
entrenamiento para alcanzar los
resultados.

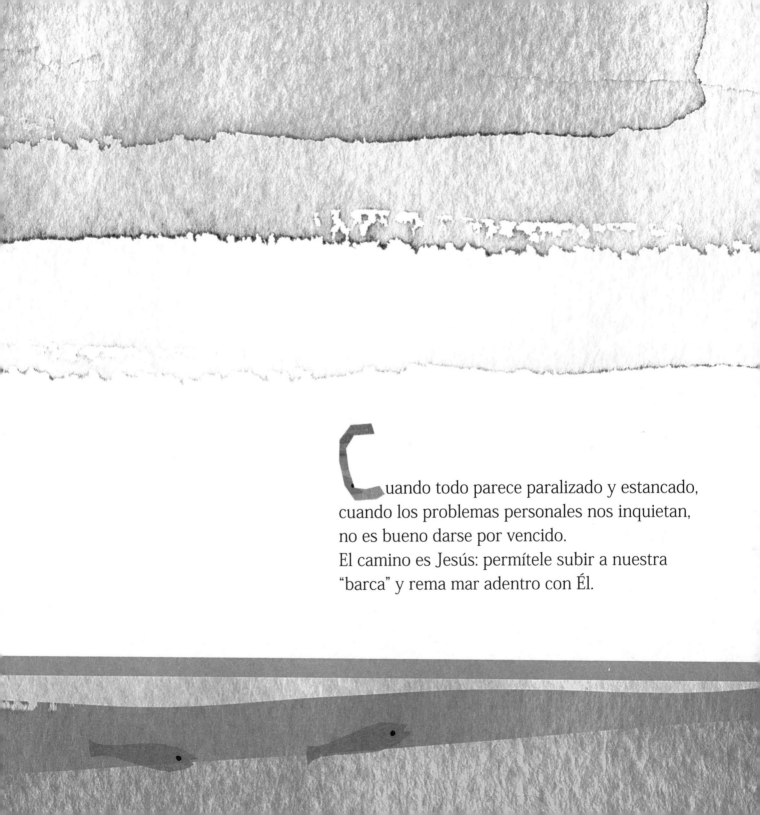

Cuando todo parece paralizado y estancado,
cuando los problemas personales nos inquietan,
no es bueno darse por vencido.
El camino es Jesús: permítele subir a nuestra
"barca" y rema mar adentro con Él.

"Padre, yo no soy buena tierra,
estoy lleno de piedras, de espinas y de lodo".
Sí, puede que sea así en la superficie,
pero libera un pedacito, un cachito
de buena tierra y deja que caiga allí;
y vas a ver cómo germina.

El campo, además de ser lugar de siembra,
es el lugar de entrenamiento.
A la mayoría de ustedes les gusta el deporte.
Pues bien, ¿qué hace un jugador cuando
se le llama para formar parte de un equipo?
Tiene que entrenar y entrenar mucho.

No se coloquen al final de la historia. Sean protagonistas. Jueguen en primera línea. Disparen el balón hacia adelante. Construyan un mundo mejor.

Apuesten por grandes ideales, esos ideales que ensanchan el corazón, los ideales que harán fecundos sus talentos.
¡No tengan miedo de soñar a lo grande!

Siente la presencia del Señor en tu vida. Él está cerca de cada uno de ustedes como un compañero, como un amigo, que los ayuda a comprender, que los alienta en los momentos difíciles y nunca los abandona.

San Francisco era un joven rico,
tenía ideales de gloria, pero Jesús le habló
en silencio, y lo cambió, le hizo comprender
lo que verdaderamente vale en la vida:
no las riquezas, la fuerza de las armas,
la gloria terrena, sino la humildad,
la misericordia, el perdón.

El alma es una especie de barco de vela;
el Espíritu Santo es el viento que sopla
la vela para hacerlo avanzar;
la fuerza y el ímpetu del viento
son los dones del Espíritu.
Sin su fuerza, sin su gracia,
no iríamos hacia adelante.

También un muchacho, una muchacha, que a los ojos del mundo cuenta poco o nada, a los ojos de Dios es un apóstol del Reino, es una esperanza para Dios. Un corazón joven que acoge el amor de Cristo, que se transforma en esperanza para los demás, es una fuerza inmensa.

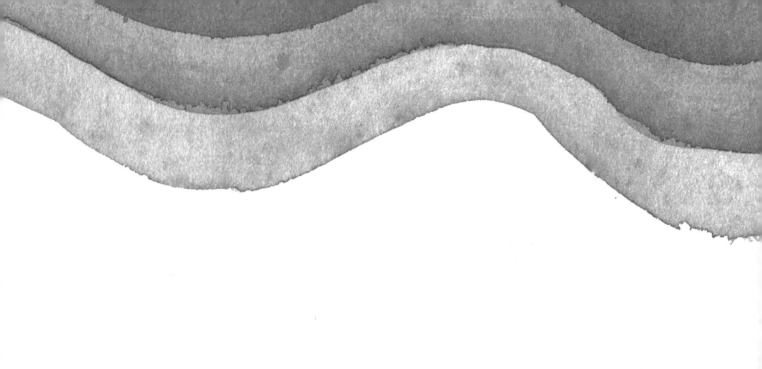

"Pon fe". ¿Qué significa?
Cuando se prepara un buen plato
y ves que falta la sal, "pones" sal;
si falta el aceite, "pones" aceite...
Lo mismo pasa en nuestra vida: si queremos
que tenga realmente sentido y sea plena,
"pon fe" y tu vida tendrá un nuevo sabor.

¡N

o mezcles la fe en Jesucristo!
Hay agua de naranja, hay agua
de manzana, hay agua de limón pero,
por favor, ¡no mezcles la fe!
La fe es entera, no se mezcla,
es la fe en Jesús.

No dejen que otros
sean los protagonistas del cambio.
Ustedes son los que tienen el futuro.
Por ustedes entra el futuro en el mundo.

FUENTES

Ustedes, jóvenes, no pueden y no deben estar sin esperanza...
Encuentro con los jóvenes, Cagliari,
22 de septiembre de 2013

No miren la vida desde el balcón. Involúcrense allí donde...
Celebración de las primeras Vísperas de adviento,
30 de noviembre de 2013

Es necesario jugarse la juventud por los grandes ideales. Pregunta a Jesús...
Regina Coeli, 21 de abril de 2013

Un cristiano no es una isla. Nosotros no nos convertimos en cristianos por nosotros mismos...
Audiencia General, 11 de septiembre de 2013

Jesús usa la imagen del pastor con sus ovejas: Él las llama...
Regina Coeli, 21 de abril de 2013

Los primeros cristianos pintaban la esperanza con un ancla...
Misa de Todos los Santos, 1 de noviembre de 2013

El hombre es como un peregrino que, atravesando los desiertos de la vida...
Audiencia General, 8 de mayo de 2013

La cosa más importante que le puede suceder a una persona es encontrar a Jesús...
Visita pastoral a la parroquia romana de San Cirilo Alejandrino, 1 de diciembre de 2013

La Iglesia es como una gran orquesta en la que existe variedad...
Audiencia General, 9 de octubre de 2013

El hijo menor deja la casa del padre, despilfarra todo y decide regresar...
Audiencia General, 29 de mayo de 2013

La Virgen es nuestra Madre, que siempre acude deprisa cuando lo necesitamos...
Visita a la parroquia romana de los Santos Isabel y Zacarías, 26 de mayo de 2013

Cuando un niño desobedece a su madre o a su padre, podríamos decir que se forma un pequeño "nudo"...
Oración por la Jornada Mariana en el Año de la Fe, 12 de octubre de 2013

Rezar juntos el "Padrenuestro", alrededor de la mesa, no es algo extraordinario...
Santa Misa por la Jornada de la Familia, 27 de octubre de 2013

¿Cuántas veces nos decimos *gracias* en la familia? Es una de las palabras clave de la convivencia...
Santa Misa de la Jornada Mariana en el Año de la Fe, 13 de octubre de 2013

"Casa" es una palabra que recuerda el calor, el afecto, el amor...
Visita a la Casa de acogida "Don de María", 21 de mayo de 2013

Pregúntale a Jesús, habla con Jesús.
Y si cometes un error en la vida...
Vigilia de oración con los jóvenes,
27 de julio de 2013

Lo que importa no es permanecer en pie,
sino al caer, levantarse...
Discurso a los alumnos de los colegios jesuitas
en Italia y Albania, 7 de junio de 2013

El Señor está siempre con nosotros. Viene a la orilla
del mar de nuestra vida...
Encuentro con los jóvenes, Cagliari,
22 de septiembre de 2013

Cuando todo parece paralizado y estancado,
cuando los problemas personales nos inquietan...
Encuentro con los jóvenes, Cagliari,
22 de septiembre de 2013

"Padre, yo no soy buena tierra, estoy lleno de
piedras, de espinas, y de lodo"...
Vigilia de oración con los jóvenes, 27 de julio de 2013

El campo, además de ser lugar de siembra, es lugar
de entrenamiento...
Vigilia de oración con los jóvenes, 27 de julio de 2013

No se coloquen al final de la historia.
Sean protagonistas...
Vigilia de oración con los jóvenes, 27 de julio de 2013

Apuesten por grandes ideales, esos ideales que
ensanchan el corazón...
Audiencia General, 24 de abril de 2013

Siente la presencia del Señor en tu vida.
Él está cerca de cada uno de ustedes...
Discurso a los alumnos de los colegios jesuitas
en Italia y Albania, 7 de junio de 2013

San Francisco era un joven rico, tenía ideales de
gloria, pero Jesús...
Encuentro con los niños discapacitados y enfermos
ingresados en el Instituto seráfico,
4 de octubre de 2013

El alma es una especie de barco de vela; el Espíritu
Santo es el viento...
Misa de Pentecostés con los movimientos,
19 de mayo de 2013

También un muchacho, una muchacha, que a los
ojos del mundo cuenta poco o nada...
Audiencia General, 4 de septiembre de 2013

"Pon fe". ¿Qué significa?
Cuando se prepara un buen plato...
Fiesta de acogida de los jóvenes – Homilía,
25 de julio de 2013

¡No mezles la fe en Jesucristo!
Hay agua de naranja...
Encuentro con los jóvenes argentinos en la catedral
de San Sebastián,
25 de julio de 2013

No dejes que otros sean los protagonistas
del cambio...
Vigilia de oración con los jóvenes,
27 de julio de 2013